中小学体育教学码课码书

112例

《中小学体育教学码课码书112例》编委会组成人员

主　编　王献英

副主编　崔　巍　黄　立

编　委　刘　钰　黄林耿　郭蚌君
　　　　张梦真　黄建玲　吴俞言
　　　　沈梦潇　薛晶瑜　杨耀勇

光明日报出版社

图书在版编目（CIP）数据

中小学体育教学码课码书112例 / 王献英主编. ——
北京：光明日报出版社，2019.7
ISBN 978-7-5194-5427-2

Ⅰ.①中… Ⅱ.①王… Ⅲ.①体育课—中小学—教学
参考资料 Ⅳ.①G633.963

中国版本图书馆CIP数据核字(2019)第136914号

中小学体育教学码课码书 112 例
ZHONGXIAOXUE TIYUJIAOXUE MAKEMASHU 112 LI

编　　著：王献英	
责任编辑：庄　宁	责任校对：赵鸣鸣
封面设计：邢海燕	责任印制：曹　诤

出版发行：光明日报出版社
地　　址：北京市西城区永安路106号，100050
电　　话：010-63169890（咨询），63131930(邮购)
传　　真：010-63169890
网　　址：http://book.gmw.cn
E-mail：guosiqi@gmw.cn
法律顾问：北京德恒律师事务所龚柳方律师，电话：010-67019571

印　　刷：河北盛世彩捷印刷有限公司
装　　订：河北盛世彩捷印刷有限公司
本书如有破损、缺页、装订错误，请与本社联系调换

开　　本：145mm×210mm
字　　数：82千字　　　　印　　张：4.25
版　　次：2019年7月第1版　印　　次：2019年7月第1次印刷
书　　号：ISBN 978-7-5194-5427-2

定　　价：55.00元

版权所有　翻印必究

序 言

这是一本一线老师写给一线老师的书，也是广东省首本中小学体育学科"码课码书"著作。

"码课码书"是近些年来在学校教学领域出现的新名词，码课主要是以微课程为基础将知识点的讲解用手机、摄像机等进行拍摄，再利用多媒体等现代化、智能化的教学手段和方法对课程视频进行整理和输出；码书是使用视频生成二维码创作出来的读物。"码课码书"即指创作者将书本知识内容制作成微课视频生成二维码，印刷在书本对应的知识内容旁，让读者随时随地进行扫码观看视频学习。学校体育课是以身体实践活动为主的课程，是直观性极强的一门课程，更需要运用多元化数字教学手段展现直观的动作技术教学。"码课码书"的出现为学生尽快了解掌握所学技术动作起到了画龙点睛的作用。"码课码书"将成为一种新型的教学模式和学习途径，也将为体育课堂教学带来显著的影响。

广东省王献英名师工作室从2013年以来一直致力于中小学一线教学成果的开发与运用，先后出版了学生体质健康管理与提升、身体素质练习与拓展方法、趣味田径进课堂等相关书籍，为一线教师提供了丰富的教学资源和范例，深受老师们的欢迎。

本书的内容全部由广东省王献英名师工作室中的教师自行开发，

从搜集素材、编辑文字、拍摄视频到后期剪辑制作，历经两年制作完成，本书源于教师的课堂教学实际，为教师、学生所需，为教师、学生所用，为学校体育教学增添了乐趣和时尚色彩，"码课码书"的出现不仅是一种工具，更是一种教师成长的新范式。

本书由工作室主持人王献英（深圳市龙岗区教师进修学校）担任主编，崔巍（深圳市龙岗区龙城高级中学）、黄立（深圳市龙岗区天成学校）担任副主编、刘钰（深圳市龙岗区清林小学）、黄林耿（深圳市龙岗区平安里学校）、郭蚌君（深圳市龙岗区横岗高级中学）、张梦真（深圳市龙岗区新生小学）、黄建玲（深圳市龙岗区平湖中心小学）、吴俞言（深圳市龙岗区外国语学校）、沈梦潇（深圳市龙岗区外国语学校）、薛晶瑜（深圳市龙岗区实验学校）、杨耀勇（深圳市龙岗区龙城高级中学）担任编委。最后由崔巍、黄立担任串编、统稿与定稿。魏琼、沈绮琪（华中师范大学深圳龙岗附属中学）、唐丫丫（深圳市龙岗区清林径实验小学）、舒成彦（深圳市龙岗区清林小学）等担任示范演示。在此，向对本书有过指导和帮助的专家和老师一并表示感谢，由于编写水平和视频制作水平有限，书中不乏疏漏不妥之处，望广大读者给予批评和指正。

王献英　崔巍
2018年11月

目 录
CONTENTS

第一章　足球篇 …………………………………… 001
　　第一节　课程介绍 ………………………………… 002
　　第二节　课程示例 ………………………………… 003

第二章　篮球篇 …………………………………… 023
　　第一节　课程介绍 ………………………………… 024
　　第二节　课程示例 ………………………………… 025

第三章　软式排球篇 ……………………………… 039
　　第一节　课程介绍 ………………………………… 040
　　第二节　课程示例 ………………………………… 041

第四章　有氧舞蹈、放松操篇 …………………… 059
　　第一节　课程介绍 ………………………………… 060
　　第二节　课程示例 ………………………………… 061

第五章　趣味田径篇 …………………………………… 073
　　第一节　课程介绍 ………………………………………… 074
　　第二节　课程示例 ………………………………………… 075

第六章　跳绳篇 ………………………………………… 093
　　第一节　课程介绍 ………………………………………… 094
　　第二节　课程示例 ………………………………………… 095

第七章　乒乓球篇 ……………………………………… 111
　　第一节　课程介绍 ………………………………………… 112
　　第二节　课程示例 ………………………………………… 114

第一章 足球篇

第一节　课程介绍

开发足球微课程主要解决以下问题：一、给开展校园足球的学校、教师提供日常训练和组织活动的参考模板；二、解决校园足球教学资源库建设不足的问题；三、利用微课程、码课码书等信息化手段提高资源的利用和传播效率；四、丰富校园足球的内涵，提高校园足球影响力，即使不懂足球的教师、家长、学生，看完微课程以后也能开展足球活动。

主要内容包括：足球知识、中小学校园足球训练方法、中小学校园足球游戏、中小学校园足球组织方法。

1. 遛猴　　　　2. 网鱼　　　　3. 穿越火线
4. 蜘蛛走　　　5. 木头人　　　6. 抢夺阵地
7. 躲避猎人　　8. 保护恐龙蛋　9. 如影随形
10. 问候朋友　　11. 海尔兄弟　　12. 打靶高手
13. 抢宝物　　　14. 穿越雷区　　15. 行进间脚内侧传接球
16. 抢尾巴　　　17. 出奇不意　　18. 穿越小球门
19. 过三关　　　20. 蚂蚁搬家

第二节　课程示例

一、遛猴

1.动作（游戏）目的与作用：巩固学生脚内侧踢地滚球的技术，提高学生传接球及通过寻找空当的能力，加强配合。

2.动作（游戏）内容及方法：7人为1组，围成一个圈，在圈内传球，其中"猴子"为2人，其余5人传球，目标是不被"猴子"抢到或者碰到，否则替换。

3.动作（游戏）重点：注意传、停球的部位为脚内侧。

4.动作（游戏）难点：出球时机的把握。

5.拓展练习：2抢5、2抢8、1抢4、变换队形抢球（顺时针、逆时针、长方形等）、多人多球（2人抢8人传2个足球）。

二、网鱼

1.动作（游戏）目的与作用：提高学生带球、运球能力，增强学生球感和摆脱防守的能力，同时锻炼学生团结协作的能力。

2.动作（游戏）内容及方法：一位学生扮演"渔网"，其他学生扮演"小鱼"在规定的区域内进行运控球，"渔网"把"小鱼"的球破坏出界得1分，被捕的"小鱼"自动与"渔网"手拉手继续追捕其他"小鱼"。

3.动作（游戏）重点：运用技术动作躲避"渔网"，学会抬头观察，利用空间。

4.动作（游戏）难点：脚对球的控制，扮演"渔网"的同学齐心协力。

5.拓展练习：改变场地的大小和参与人数以增减游戏难度。

三、穿越火线

1.动作（游戏）目的与作用：提高学生带球、运球能力，增强学生球感和摆脱防守的能力。

2.动作（游戏）内容及方法：学生持球站在区域范围内一侧边线上，听到口令后运球出发，中间设置一位学生抢截球，成功运球至对面边线的学生得1分。

3.动作（游戏）重点：合理运用技术动作带球至边线。

4.动作（游戏）难点：脚对球的控制，学会抬头观察周围情况。

5.拓展练习：改变场地的大小及防守队员人数以增减游戏难度。

四、蜘蛛走

1.动作（游戏）目的与作用：锻炼学生带球、运球能力，增强学生球感和摆脱防守的能力。

2.动作（游戏）内容及方法：在一定的区域内学生自由带球，防守队员手掌撑地降低防守难度去破坏球。

3.动作（游戏）重点：运用技术动作躲避"蜘蛛走"，学会抬头观察，利用空间。

4.动作（游戏）难点：脚对球的控制，"蜘蛛走"手脚协调。

5.拓展练习：改变场地的大小及"蜘蛛走"人数以增减游戏难度。

五、木头人

1.动作（游戏）目的与作用：锻炼学生运球、急停能力，增强学生球感。

2.动作（游戏）内容及方法：一位学生背向场地扮演发令员角色，其他学生每人持球站在区域的边线上，当发令员喊出1.2.3的口令后，其他同学向前带球，当发令员喊出木头人的口令后，其他同学必须将球控制在脚下停住站立，否则出局。率先接近木头人的同学可以手轻拍"发令员"后立即折返，在"发令员"追上前将球迅速运回终点。

3.动作（游戏）重点：合理运用带球、急停等技术。

4.动作（游戏）难点：对球的控制，注意力集中，身体协调配合。

5.拓展练习：改变口令变化速度及场地宽度以增减游戏难度。

六、抢夺阵地

1.动作（游戏）目的与作用：锻炼学生速度、耐力、身体协调、反应和敏捷性。

2.动作（游戏）内容及方法：在区域内摆放相等的正、反面标志碟，听到开始哨音后，双方队员快速进入区域内把对方的标志碟摆放成己方的标志碟。

3.动作（游戏）重点：身体协调敏捷、速度快，抬头观察。

4.动作（游戏）难点：翻标志碟战术的制定。

5.拓展练习：改变场地宽度及限制跑动形式（单脚跳跃、侧滑步等）以增减游戏难度和锻炼目的。

七、躲避猎人

1.动作（游戏）目的与作用：提高学生带球、运球能力，增强学生球感和摆脱防守的能力。

2.动作（游戏）内容及方法：一位学生扮演"猎人"，其他学生持球在区域内自由带球，避免"猎人"破坏球。

3.动作（游戏）重点：运用技术动作躲避"猎人"，学会抬头观察，利用空间。

4.动作（游戏）难点：脚对球的控制。

5.拓展练习：增加或减少"猎人"人数。

八、保护恐龙蛋

1.动作（游戏）目的与作用：锻炼学生防守意识，提高观察及应变能力。

2.动作（游戏）内容及方法：两人一组，一人守护家中的恐龙蛋（足球），一人去"偷取"其他组的恐龙蛋，最后计算得分（谁家恐龙蛋多）。

3.动作（游戏）重点：身体灵敏、协调性，学会抬头观察。

4.动作（游戏）难点：策略的制定与配合。

5.拓展练习：从徒手过渡到用脚控制球。

九、如影随形

1.动作（游戏）目的与作用：培养学生想象力及创造力，锻炼学生球性及球感。

2.动作（游戏）内容及方法：两人一组（一位带球，一位模仿）在区域内带球者做出各种假动作，并要求模仿者完全模仿，时间到后，角色互换。

3.动作（游戏）重点：随时观察对方的动作变化。

4.动作（游戏）难点：发挥想象力和创造力。

5.拓展练习：通过改变场地的大小来增减练习的难度。

十、问候朋友

1.**动作（游戏）目的与作用**：锻炼学生带球、运球能力，增强学生之间感情。

2.**动作（游戏）内容及方法**：在区域内摆放标志碟，听到哨音后，所有学生在区域内自由带球与其他学生握手后返回各自所在标志碟再重新出发。

3.**动作（游戏）重点**：合理运球及带球，抬头观察。

4.**动作（游戏）难点**：注意力集中，保持身体与球的距离。

5.**拓展练习**：改变打招呼方式，例如击掌、撞肩等。

十一、海尔兄弟

1. 动作（游戏）目的与作用：提高学生带球跑、控制球和队友间相互配合的能力。

2. 动作（游戏）内容及方法：两人一组，手拉手，共同踢一个足球前进，最先到达终点的小组获胜。

3. 动作（游戏）重点：用脚背正面或外侧带球。

4. 动作（游戏）难点：时刻将球控制在两人脚下，不偏离方向。

5. 拓展练习：设置障碍、要求两人交替触球。

十二、打靶高手

1.动作（游戏）目的与作用：提高学生的传球能力与快速反应能力。

2.动作（游戏）内容及方法：两人一组，每人一球，轮流踢球，看谁用最少的次数踢中前方的标志物。

3.动作（游戏）重点：用脚背内侧踢球，支撑脚脚尖对准目标方向。

4.动作（游戏）难点：踢球力量适中。

5.拓展练习：改变标志大小、改变踢球部位、改变标志物距离。

十三、抢宝物

1.动作（游戏）目的与作用：提高学生的接球能力与快速反应能力。

2.动作（游戏）内容及方法：学生前后间隔30米成相对站立，中间放与人数相同的足球，听到教练指令后迅速向中间跑去，拿到足球后快速运回起点并坐在球上，最先坐在球上的获胜。

3.动作（游戏）重点：脚背正面或外侧运球。

4.动作（游戏）难点：直线运球、快速反应。

5.拓展练习：设置障碍物、用脚颠球回到起点。

十四、穿越雷区

1. 动作（游戏）目的与作用：提高学生带球、控球、观察和身体协调配合的能力。

2. 动作（游戏）内容及方法：在长方形的区域内放置障碍物，学生每人一球在一侧出发，快速通过障碍区域后到另一侧的终点，先到的球员获胜。

3. 动作（游戏）重点：降低重心带球，运用脚背内侧、外侧和正面。

4. 动作（游戏）难点：提前观察，上下肢协调配合，快速通过障碍。

5. 拓展练习：改变障碍物数量和密度。

十五、行进间脚内侧传接球

1.动作（游戏）目的与作用：增强学生带球、控制球、观察的能力。

2.动作（游戏）内容及方法：在规定区域内放置20个标志碟，其中10个正放，10个倒放，学生五人一组分两组，一组将标志碟翻正，另一组将标志碟翻倒，在规定时间内看哪个组翻的数量多。

3.动作（游戏）重点：运用脚背正面、内侧、外侧等进行运球。

4.动作（游戏）难点：抬头观察，快速反应。

5.拓展练习：改变场地大小，改变标志碟数量，改变参与人数。

十六、抢尾巴

1.动作（游戏）目的与作用：增强学生带球控球的能力和身体协调性、灵敏性。

2.动作（游戏）内容及方法：学生每人一件标志服，一头塞入腰间，露出"尾巴"，游戏开始后学生运球抢其他人的"尾巴"，同时保护自己的"尾巴"，"尾巴"被抢则出局，看谁抢的尾巴多。

3.动作（游戏）重点：运用脚背正面、内侧、外侧等进行运球，运用虚晃等动作进行躲闪。

4.动作（游戏）难点：快速躲避和攻击时不掉球。

5.拓展练习：增加游戏人数，结盟、组队方式。

十七、出奇不意

1.动作（游戏）目的与作用：提高学生观察、运球和快速反应的能力。

2.动作（游戏）内容及方法：学生在方形的区域内自由带球，每个角的外延插一根标志杆，教师叫出某个学生名字时，该学生选择一根标志杆快速带球绕过，其他学生随后以最快速度绕过该标志杆，最后绕过的学生为输。

3.动作（游戏）重点：变向和快速转身。

4.动作（游戏）难点：抬头观察，快速绕过，不掉球不碰撞。

5.拓展练习：给学生指定号码，教师叫号码；被叫学生选择某一标志杆，其他学生选择对角线标志杆。

十八、穿越小球门

1.动作（游戏）目的与作用：培养学生观察和快速带球的能力。

2.动作（游戏）内容及方法：在规定区域内用标志物摆放成多个小球门，学生在规定时间内带球通过球门多的获胜，不能连续通过某一个球门。

3.动作（游戏）重点：降低重心。

4.动作（游戏）难点：快速穿过球门并快速找到下一个目标。

5.拓展练习：减少球门数量、缩小球门宽度、两人一组传球穿越球门。

十九、过三关

1. **动作（游戏）目的与作用**：提高学生带球过人的实战能力。

2. **动作（游戏）内容及方法**：在"目"字形的区域内，每个空格站一个防守队员，防守队员只能在自己的区域内防守，进攻队员在一端开始进攻，带球通过三名防守队员到达另一端为获胜。

3. **动作（游戏）重点**：运用盘带技术和假动作。

4. **动作（游戏）难点**：人球结合紧密，快速通过。

5. **拓展练习**：增加进攻队员，增加防守队员，改变防守区域。

二十、蚂蚁搬家

1. 动作（游戏）目的与作用：提高学生快速运球变向和突破的能力。

2. 动作（游戏）内容及方法：场地内划为五个正方形区域，分别为四个角和中间，中间区域站一名防守队员，两队球员从两个角向中间区域运球，必须带球通过中间防守队员，然后运球到对角的区域，每队每次只能出一名队员运球，球被破坏或到达对角区域后下一名队员才能出发，规定时间内运球通过多的队伍获胜。

3. 动作（游戏）重点：运球变向。

4. 动作（游戏）难点：避开防守队员后加速突破。

5. 拓展练习：改变防守区域的大小、改变防守人数、改变进攻人数。

第二章 篮球篇

第一节　课程介绍

当今社会生活中，篮球是一项普及大众的运动，有竞技性、健身性的功能，特别是在学校里更深受学生们的喜爱。有效、合理、科学的运动方法是促进身体健康发展的途径之一。

本课程旨在为一线体育教师课堂教学提供一些新颖、易教、易懂的游戏类、教学类组织形式，能够迅速地运用到课堂中，帮助学生逐步建立起信心和兴趣，为进一步提高篮球技、战术水平打下良好基础。内容包括运球、传接球、投篮、篮板球几个方面。

主要内容：
1.运球挑战　　2.突破对手　　3.开火车　　4.连连拍
5.双人传球之三步上篮　　6.双人传球之交叉跑位
7.双人传球之篮板球　　8.双人传球之左右手上篮
9.双人传球之定点防守　　10.双人传球之斗牛
11.投篮之坚持一分钟　　12.投篮之全场开花
13.投篮之半场传投配合　　14.投篮之接力投篮

第二节　课程示例

一、运球挑战

1.动作（游戏）目的与作用：增强学生控球的能力和身体力量、速度、协调能力。

2.动作（游戏）内容及方法：听到发令后，在各个标志点按照规定动作运球，完成任务后迅速跑到下一个标志点完成任务，完成所有标志点任务后返回结束。

3.动作（游戏）重点：各个标志点完成运球任务。

4.动作（游戏）难点：快速运球的稳定性。

5.拓展练习：增加运球方式。

二、突破对手

1.动作（游戏）目的与作用：通过标志物障碍运球，增强比赛中各种运球的能力。

2.动作（游戏）内容及方法："之"字形标志物摆放，练习者按照规定的运球动作突破标志物，然后运球上篮。

3.动作（游戏）重点：运球时动作稳定性，包括力量、协调性的锻炼。

4.动作（游戏）难点：移动—停止—运球—加速整个过程的连贯性。

5.拓展练习：增加运球方式。

三、开火车

1.**动作（游戏）目的与作用**：增强练习者快速移动运球的能力。

2.**动作（游戏）内容及方法**：一路纵队向前慢跑，最后一名队员运球快速赶到队伍最前面，把球放在地上，直到队伍最后一名队员跑过并持球重复前一名运球队员行为。

3.**动作（游戏）重点**：快速移动运球。

4.**动作（游戏）难点**：运球的稳定性。

5.**拓展练习**：增加球的数量，进行追逐跑。

四、连连拍

1. 动作（游戏）目的与作用：增强练习者控制球力度和方向的能力。

2. 动作（游戏）内容及方法：若干个球，每个放在固定的区域内，练习者按照规则，保证每个球在规定范围内一直处于"落地—反弹—落地"的状态。

3. 动作（游戏）重点：快速移动，迅速观察，保证球不静止或离开区域。

4. 动作（游戏）难点：运球时力度和方向的控制。

5. 拓展练习：增加球的数量。

五、双人传球之三步上篮

1. **动作（游戏）目的与作用**：运球、传球结合，两人练习，增强传球合作的能力。

2. **动作（游戏）内容及方法**：两人同时从底线出发跑向中线，其中一人运球，中线处折回，相互传球，直到上篮结束。

3. **动作（游戏）重点**：快速跑动，传接球结合，上篮得分。

4. **动作（游戏）难点**：过程稳定性和流畅性。

5. **拓展练习**：限定时间完成。

六、双人传球之交叉跑位

1.动作（游戏）目的与作用：运球、传球、跑位结合，两人练习，增强传球合作的能力。

2.动作（游戏）内容及方法：两人同时从底线出发跑向中线，其中一人运球，中线处折回，相互传球并交叉跑位，直到上篮结束。

3.动作（游戏）重点：快速跑动、传接球、交叉跑位结合，上篮得分。

4.动作（游戏）难点：交叉跑位后对球的灵活处理。

5.拓展练习：限定时间完成。

七、双人传球之篮板球

1.动作（游戏）目的与作用：增强练习者抢篮板球的能力。

2.动作（游戏）内容及方法：篮球场半场左右分成两等分，两人一组在底线移动传球至中线然后折回，一人接球急停跳投，另一人迅速转身卡位，争抢篮板球。

3.动作（游戏）重点：移动、传球结合，卡位及时。

4.动作（游戏）难点：卡位技术的运用，转身背靠投篮者，目视球飞行轨迹。

5.拓展练习：进攻者争抢篮板球。

八、双人传球之左右手上篮

1.动作（游戏）目的与作用：增强练习者左右手上篮的能力。

2.动作（游戏）内容及方法：篮球场半场左右分成两等分，两人一组在底线移动传球至中线，然后折回传球至上篮，靠近边线队友用左手或右手上篮得分。

3.动作（游戏）重点：跑动、传球结合，上篮得分。

4.动作（游戏）难点：左手或右手上篮动作的协调。

5.拓展练习：加快移动和传球的速度。

九、双人传球之定点防守

1.**动作（游戏）目的与作用**：一方面练习防守姿势，另一方面练习快速突破能力。

2.**动作（游戏）内容及方法**：篮球场半场左右分成两等分，两人一组在底线移动传球至中线然后折回，其中靠近篮筐的队友迅速在固定点防守，靠近边线队友持球突破防守上篮得分。

3.**动作（游戏）重点**：跑动、传球结合，防守快速到位。

4.**动作（游戏）难点**：防守姿势正确，突破快速有效。

5.**拓展练习**：加快移动和传球的速度。

十、双人传球之斗牛

1.**动作（游戏）目的与作用**：增强练习者1vs1的对抗能力。

2.**动作（游戏）内容及方法**：篮球场半场左右分成两等分，两人一组在底线移动传球至中线然后折回，一人进攻，一人防守，直到进攻结束。

3.**动作（游戏）重点**：一人进攻，一人防守。

4.**动作（游戏）难点**：积极进攻和防守，增强实战能力。

5.**拓展练习**：限定进攻有效时间。

十一、投篮之坚持一分钟

1.动作（游戏）目的与作用：锻炼练习者急停跳投的能力。

2.动作（游戏）内容及方法：5个标志物投篮点，练习者1分钟之内在各个投篮点上接来球急停跳投，计算时间结束后的投篮个数和进球个数。

3.动作（游戏）重点：移动、接球、急停转身、起跳、投篮、落地的衔接。

4.动作（游戏）难点：各个动作环节的协调运用。

5.拓展练习：扩大投篮距离。

十二、投篮之全场开花

1.动作（游戏）目的与作用：培养练习者多个位置的投篮感觉。

2.动作（游戏）内容及方法：多人在半场各个位置站立接球投篮，两人在篮板下拿球传给其他人投篮。

3.动作（游戏）重点：各个位置的投篮。

4.动作（游戏）难点：投篮得分的稳定性。

5.拓展练习：增加球的数量及篮板下拿球人数。

十三、投篮之半场传投配合

1.动作（游戏）目的与作用：培养练习者中、远距离45°角左右的投篮感觉。

2.动作（游戏）内容及方法：中场附近面对篮筐一路纵队，队友跑至45°角左右指定位置接队友传球投篮，然后抢篮板球回到纵队里排队。

3.动作（游戏）重点：位置跑动，接球投篮，自投自抢。

4.动作（游戏）难点：投篮得分的稳定性。

5.拓展练习：加快移动、接球、投篮、抢篮板的节奏。

十四、投篮之接力投篮

1.动作（游戏）目的与作用：培养练习者禁区内投篮的感觉。

2.动作（游戏）内容及方法：队员在底线篮板底下两路纵队站立，传球给队友，跑动位置接传球投篮，然后抢篮板，返回排队。

3.动作（游戏）重点：传球准确，跑动接球，自投自抢。

4.动作（游戏）难点：投篮得分的稳定性。

5.拓展练习：禁区内增加投篮位置点。

第三章 软式排球篇

第一节　课程介绍

开发软排球微课的目的在于：利用软排的软、轻、球体的特点，设计游戏或者练习方法，使学生在身体素质、球性上的练习更加有趣，提高学生练习的专注度和有效性。场地器械简单，可以作为专项练习，也可以作为多项练习组合，形成大循环练习形式。活动内容主要为加强上肢力量、下肢力量、腰腹力量而设计，且对身体耐力提升有一定的帮助。

主要内容：
1. 快速出击　　2. 投球比多　　3. 投球比准
4. 打鱼　　　　5. 快速还击　　6. 定时炸弹
7. 萝卜蹲　　　8. 袋鼠跳　　　9. 小推车
10. 螃蟹走　　 11. 炸碉堡　　 12. 快速传接球
13. 脚夹起球　 14. 匍匐前进　 15. 手脚并用
16. 膝盖碰球　 17. 仰卧起传接球

第二节　课程示例

一、快速出击

1.动作（游戏）目的与作用：发展学生上肢力量。

2.动作（游戏）内容及方法：学生站成4～8列，每列第一人手持软排于投掷线后，两脚前后站立准备，距投掷线2米远处标有距离标识，裁判员发令后，两人使劲把软排朝前方投出，记住球所落的远度，然后快速跑去拾起软排，快速跑回，双手把球交给下一位同学。下一位同学以同样的方法进行游戏。

3.动作（游戏）重点：肩上曲肘，快速挥臂。

4.动作（游戏）难点：动作准确协调。

5.拓展练习：双手头后投掷；学生成4～8列，站于投掷线后。裁判员发令后，每队第一人单手曲肘把球投掷出去，并到队伍后面排队。各组第二人快速跑去拾起软排，快速返回到起点线后，以同样的方法进行游戏。

二、投球比多

1.动作（游戏）目的与作用：发展学生上肢力量、投准能力和培养团结协作精神。

2.动作（游戏）内容及方法：学生分为4～8组，1人持筐站在固定区域，投球同学和持筐同学相隔3米。持球同学往筐里投球后，快速跑到接球者位置捡回自己的球并快速跑回队伍后面排队，持筐者在接球的同时大声报告队伍投中的球数。在一分钟内，投进数量多的队伍胜。持筐者可主动接球，但不要移动脚步。

3.动作（游戏）重点：肩上曲肘，出手的力度、角度、弧度。

4.动作（游戏）难点：出手时保证力度、角度、弧度三者的平衡。

5.拓展练习：一分钟不同远度的投筐。根据教学的水平增设投筐区域数量与难度。

三、投球比准

1.动作（游戏）目的与作用：发展学生上肢力量、投准能力和培养团结协作精神。

2.动作（游戏）内容及方法：学生分成6～8纵队，每列队伍3米处摆放三个小标志桶。队伍每人手持软排，两腿前后开立，用投掷的动作方法把软排投向标志桶，投完后快速跑出捡回软排，并到队伍后面排队。每投中一次大声报数，一分钟内队伍累计的球数多者获胜。

3.动作（游戏）重点：肩上曲肘，出手的力度、角度、弧度。

4.动作（游戏）难点：出手时保证力度、角度、弧度三者的平衡。

5.拓展练习：增加难度，适当拉长投手和标志桶的距离。

四、打鱼

1.动作（游戏）目的与作用：发展学生上肢力量、投准能力。

2.动作（游戏）内容及方法：8~10人一组，4名学生手持软排站在圈外做钓鱼者（钓鱼者可根据所划分区域形状做出位置调整），其他同学在圈内当鱼。裁判员发令后，圈外的打鱼者用软排击打圈内的鱼，被球触碰到的鱼退出圈内，打鱼者快速跑去拾回软排，继续进攻。活动时间为3~5分钟，规定时间内还留在圈内的同学或已经打完所有鱼的圈外同学获胜。

3.动作（游戏）重点：肩上曲肘，上下肢动作协调。

4.动作（游戏）难点：动作准确协调。

5.拓展练习：扩大圆圈、增加圈外打鱼人数来增加难度。

五、快速还击

1.动作（游戏）目的与作用：发展学生上肢力量、投准能力、迅速反应能力。

2.动作（游戏）内容及方法：8～10人一组，4名学生手持一软排站在圈外（可根据所划分区域形状做出位置调整），其他同学在圈内。裁判员发令后，圈外的同学在规定的区域用软排击打圈内的同学，圈内的同学可以躲闪或用手接住球。若接住球，圈内同学马上做出反击，击打圈外的同学，圈外同学躲闪或接球，被击中的同学退出。接球时，如果球没接好，落地，属于被击中，退出比赛。所有进攻都不许在跑动中进行。

3.动作（游戏）重点：肩上曲肘，上下肢动作协调。

4.动作（游戏）难点：动作准确协调。

5.拓展练习：累计被击中的同学到场外做蹲起跳5～10个再返回赛场。

六、定时炸弹

1.**动作（游戏）目的与作用**：培养学生反应能力，发展上肢力量。

2.**动作（游戏）内容及方法**：一个软排，6～10人一组，传球同学围成圈，做传接球动作，圈子的大小根据学生情况自行调整。裁判宣布开始后，计时20秒，持球同学要在最短时间内把球传给同伴，传球的同学不许走步，双手传球；20秒结束时球在谁手上，谁要做蹲起跳10个。

3.**动作（游戏）重点**：重心的移动，传接球动作规范。

4.**动作（游戏）难点**：身体协调，反应迅速。

5.**拓展练习**：根据学生情况扩大场地；增加传球数。

七、萝卜蹲

1.动作（游戏）目的与作用： 培养学生反应能力，发展上肢力量。

2.动作（游戏）内容及方法： 一个软排，6～10人一组，所有同学围成圈，圈子的大小根据学生情况自行调整，每位成员给自己起一个如：萝卜、土豆、苹果等容易记的水果蔬菜名字作为代号。如持球人名字为"萝卜"，裁判宣布开始后，持球人开始边做蹲起动作，边唱"萝卜蹲，萝卜蹲，萝卜蹲完**蹲"（**代表的是成员的代号），同时把球传给这位同学。传接球的同学不许走步，双手传接球。没接好球或者传球没传到位的同学都判为失误，惩罚蹲起跳10个。游戏时间2分钟。

3.动作（游戏）重点： 传接球动作规范，重心移动。

4.动作（游戏）难点： 身体协调，反应迅速。

5.拓展练习： 根据学生情况扩大场地；增加传球数。

八、袋鼠跳

1.动作（游戏）目的与作用：培养学生灵敏素质、协调性和跳跃能力。

2.动作（游戏）内容及方法：学生分成4～8列，队伍第一人双腿(大腿内侧)夹住软排，以袋鼠跳的方式跳到终点，然后手持球快速返回，把球交给下个同学。如途中球掉了捡回接着跳。要求立定跳远动作要规范。最后完成动作的小组获胜。

3.动作（游戏）重点：上下肢协调发力。

4.动作（游戏）难点：身体平衡。

5.拓展练习：①两腿内侧夹球，以立定跳远的方式跳；②尝试用腿的不同部位来夹球跳，如小腿、膝关节。

九、小推车

1.动作（游戏）目的与作用：培养学生上下肢力量，身体平衡能力。

2.动作（游戏）内容及方法：学生分成4～8列，手掌后撑，软排置于腹中，保持球不掉，手脚并用，走到终点后，起身手持球快速跑返回，把球交给下个同学。如途中球掉了捡回接着走。最后完成动作的小组获胜。

3.动作（游戏）重点：上下肢动作协调、连贯。

4.动作（游戏）难点：保持身体的平衡。

5.拓展练习：软排置于腹部，身体蹲下，以蹲着走的动作走到终点，途中保持球不掉，如途中球掉了捡回接着走。

十、螃蟹走

1.动作（游戏）目的与作用：培养学生上下肢力量，身体平衡能力。

2.动作（游戏）内容及方法：两同学一组，背对背夹住一个软排，以并步跳的动作，把球运到终点，绕过标志桶再跳回起点，把球交给下一组同学，最后完成动作的小组获胜。起点与终点长3米。

3.动作（游戏）重点：上下肢动作协调、连贯。

4.动作（游戏）难点：同伴间的节奏一致。

5.拓展练习：并步跳改为蹲着走，保持球不掉。

十一、炸碉堡

1.动作（游戏）目的与作用：培养学生反应能力，奔跑能力。

2.动作（游戏）内容及方法：一个软排，两个小足球门，篮球场半场或者自己设计场地。每队4~6人，两队一个场地，通过和队友之间用传接球、跑动的方式，穿过"敌人"的防守，把球扔进敌人的"碉堡"，把"碉堡"炸掉。比赛规则参考篮球比赛规则，持球的同学只能通过中枢脚来调整身体姿态，不能走步，不能运球，传球动作不限。发球点固定在己方碉堡旁。进球后，换对方发球。投中一球得一分，比赛时间为5分钟，分多者获胜。

3.动作（游戏）重点：积极跑动，注意力集中。

4.动作（游戏）难点：身体协调，反应迅速。

5.拓展练习：扩大场地、碉堡前设守门员。

十二、快速传接球

1.动作（游戏）目的与作用： 培养学生反应能力，发展上肢力量。

2.动作（游戏）内容及方法： 一个软排，6~10人一组，传球同学围成圈，做传接球动作，圈内一人拦截球，圈子的大小根据学生情况自行调整。裁判宣布开始后，持球同学要在3秒内把球传出。传球的同学不许走步，传球动作不限，可单手或双手；中间抢断同学要积极跑动，触碰到球则为抢到球成功。每组比赛时间设定为完成30~50个传接球，在规定时间内抢断者没有触碰到球，抢断者做蹲起跳5个；如接球同学没接好球或者传球没传到位的同学都判为失误，惩罚蹲起跳5个。

3.动作（游戏）重点： 传接球动作规范，重心移动。

4.动作（游戏）难点： 身体协调，反应迅速。

5.拓展练习： 根据学生情况扩大场地；增加传球数。

十三、脚夹起球

1.**动作（游戏）目的与作用**：锻炼学生腰腹力量。

2.**动作（游戏）内容及方法**：每人一个软排，平躺垫子上，小腿夹住软排，两手平放垫子上。利用腰腹力量，保持腿部挺直，夹住球缓慢往上，直到双腿和地面保持90°角再缓慢放下。

3.**动作（游戏）重点**：腰腹用力。

4.**动作（游戏）难点**：身体协调，用力均衡。

5.**拓展练习**：双腿夹球，用腰腹力量，保持腿部挺住，从垫子上缓慢往上，过渡到脚尖触垫。

十四、匍匐前进

1.动作（游戏）目的与作用：锻炼学生全身协调用力，上肢力量。

2.动作（游戏）内容及方法：每组6~8人，每组一个软排，6个垫子成"一"字排开。一人持球站于垫子前，作为起点，垫子另一头为终点。其他同学站于垫子侧边的地面上，面向垫子。裁判宣布开始后，垫子侧边同学手撑垫子上，做拱桥形状，持球同学用胸部和两手臂夹住软排，腹部、两腿紧贴垫子，用全身力气向前，一直到终点。其间，前进同学通过了做拱桥的同学后，拱桥同学要迅速起身跑到拱桥的最前头去接上继续做拱桥，一直到终点前的一个垫子。当前进的同学到达终点后，最后做拱桥的同学要迅速跑来接球，用同样动作方法回到起点，原来做匍匐前进的同学补上他拱桥的位置。后面动作同样，一直到每位成员都完成持软排匍匐前进这个动作。

3.动作（游戏）重点：协调用力。

4.动作（游戏）难点：身体协调，用力均衡。

5.拓展练习：完成一次匍匐前进后紧接着做原地蹲起5个。

十五、手脚并用

1.**动作（游戏）目的与作用**：锻炼学生腰腹力量。

2.**动作（游戏）内容及方法**：每人一个软排，平躺垫子上，小腿夹住软排，两手平放垫子上。利用腰腹力量，保持腿部挺直，夹住球缓慢往上，直到双腿和地面保持90°角后，双腿保持不动，双手接过球，经过头两侧到头顶触垫，再经头两侧到双腿的位置，用小腿夹球挺直双腿再缓慢向下，直到触垫。

3.**动作（游戏）重点**：腰腹用力。

4.**动作（游戏）难点**：身体协调，用力均衡。

5.**拓展练习**：双腿夹球，用腰腹力量，保持腿部挺住，从垫子上缓慢往上，过渡到脚尖触垫。

十六、膝盖碰球

1.**动作（游戏）目的与作用**：锻炼学生腰腹力量、腿部力量。

2.**动作（游戏）内容及方法**：双手持软排于腹部高度，做高抬腿动作，要求膝盖碰到软排。

3.**动作（游戏）重点**：腰腹用力，保持身体平衡。

4.**动作（游戏）难点**：身体协调，动作到位。

5.**拓展练习**：双手持球，双腿收腹跳。

十七、仰卧起传接球

1.动作（游戏）目的与作用：锻炼学生腰腹力量，身体协调性。

2.动作（游戏）内容及方法：两人一组，一个软排。两人平躺垫子上，两脚相对，一人持球。裁判宣布开始后，两人双腿贴垫子上，腰部发力，做仰卧起坐动作，持球同学把球传给同伴，同伴接到球后，两人躺下，按照刚才的方式继续练习。根据学生能力水平定完成数量。

3.动作（游戏）重点：腰腹部发力。

4.动作（游戏）难点：身体协调，用力均衡。

5.拓展练习：规定时间内，小组比完成次数，多者胜出。

第四章 有氧舞蹈、放松操篇

第一节 课程介绍

有氧舞蹈等伴随音乐完成的套路动作无论是在校园的体育教学还是各项体育活动中都是非常流行的，尤其是在体育教学中枯燥的准备活动、课课练和放松环节上，加入音乐伴随下的套路动作能很大地提高学生的学习兴趣和练习效率，也能使课堂内容变得更加丰富多彩。本篇章主要目的是为大家提供几个简单易学的热身、放松和课课练套路，以便应用到教学和训练中去，其中包括流行的韩舞，活力四射的有氧舞蹈，轻柔舒缓的拉伸动作，挑战体能极限的TABATA训练。

主要内容：
1.韩舞旋风　　2.动感暖身　　3.爵士泡泡　　4.多彩酷舞
5.炫动精灵　　6.绿色呼吸　　7.轻柔舒缓　　8.爱之伸展
9.身心放松　　10.巅峰冲击　　11.极限挑战　　12.核心强化

第二节　课程示例

一、韩舞旋风

1.动作目的与作用：充分热身，使身体进入运动状态。

2.动作内容及方法：主要动作包括前后的脚步移动，手臂等部位的摆动动作，躯干以及下肢牵拉，结合脚步小跳。

3.动作重点：强调动作的舒展性和音乐的节奏感和风格性。

4.动作难点：对手臂动作和动作路线清晰熟练地掌握。

二、动感暖身

1.**动作目的与作用**：充分热身，使身体进入运动状态。

2.**动作内容及方法**：主要动作包括肩颈部、躯干、上肢手臂和脚步点地以及并步动作等。

3.**动作重点**：注意动作转换时的节拍变化和动作衔接。

4.**动作难点**：强调上下肢动作的力度和幅度。

三、爵士泡泡

1.动作目的与作用：充分热身，使身体进入运动状态。

2.动作内容及方法：主要动作包括肩颈部、躯干的运动，以躯干和腰腹髋关节等部位为主。

3.动作重点：对动作风格的理解和练习，爵士肢体风格。

4.动作难点：在进行腰腹部以及髋关节部位活动时注意动作的幅度和做法。

四、多彩酷舞

1.动作目的与作用：充分热身，使身体进入运动状态。

2.动作内容及方法：主要动作有并步、交叉步、开合跳等脚步动作，手臂动作主要以摆臂，肩部运动为主。

3.动作重点：熟练掌握手臂和脚步动作，练习时强调节奏感。

4.动作难点：注意动作方向的变化和脚步移动。

五、炫动精灵

1.**动作目的与作用**：充分热身，使身体进入运动状态。

2.**动作内容及方法**：主要动作包括脚点地、跑跳、踏步等脚步动作，手臂动作以摆动为主。

3.**动作重点**：熟练掌握手臂和脚步动作，练习时强调节奏感。

4.**动作难点**：注意练习内容中单腿支撑动作的稳定性。

六、绿色呼吸

1.**动作目的与作用**：充分拉伸放松，使身体恢复平静状态。

2.**动作内容及方法**：主要动作包括上肢的伸展，结合腰腹部伸展和下肢伸展。

3.**动作重点**：强调放松时呼吸的重要性，配合音乐完成动作。

4.**动作难点**：手脚的协调配合。

七、轻柔舒缓

1.动作目的与作用：充分拉伸放松，使身体恢复平静状态。

2.动作内容及方法：主要动作包括肩颈部拉伸、手臂以及腰腹部舒展放松。

3.动作重点：强调放松时呼吸的重要性，配合音乐完成动作。

4.动作难点：手脚的协调配合。

八、爱之伸展

1.动作目的与作用：充分拉伸放松，使身体恢复平静状态。

2.动作内容及方法：主要动作包括肩颈部拉伸、手臂以及下肢舒展放松。

3.动作重点：强调放松时呼吸的重要性，配合音乐完成动作。

4.动作难点：手脚的协调配合。

九、身心放松

1.**动作目的与作用**：充分拉伸放松，使身体恢复平静状态。

2.**动作内容及方法**：主要动作包括肩颈部拉伸、上肢手臂以及下肢拉伸。

3.**动作重点**：强调放松时呼吸的重要性，配合音乐完成动作。

4.**动作难点**：手脚的协调配合。

十、巅峰冲击

1.动作目的与作用：强化上、下肢力量和提高有氧耐力。

2.动作内容及方法：三个动作在音乐和口令的伴奏下循环进行。徒手下蹲、俯卧撑、开合跳。

3.动作重点：下蹲和开合跳时主要是体会大腿肌群和臀大肌发力，俯卧撑主要体会肱三头肌和胸大肌发力，用力时呼气，还原时吸气，紧跟音乐节奏。

4.动作难点：下蹲时保持好身体姿态，身体不要过分前倾，俯卧撑向下时肘关节不能高于肩关节，向上时肘关节不要锁死。

十一、极限挑战

1.动作目的与作用：强化下肢力量和提高有氧耐力。

2.动作内容及方法：三个动作在音乐和口令的伴奏下循环进行。原地小步跑（高抬腿跑）、箭步蹲、原地滑冰步。

3.动作重点：三个动作主要是体会大腿肌群和臀大肌发力，用力时呼气，还原时吸气，紧跟音乐节奏。

4.动作难点：身体重心保持稳定，弓箭步下蹲时膝关节不要超过脚尖。

十二、核心强化

1.**动作目的与作用**：强化腰腹核心力量。

2.**动作内容及方法**：三个动作在音乐和口令的伴奏下循环进行。仰卧卷腹、卷腹交替提膝、登山跑。

3.**动作重点**：注意腹部发力，腹部始终保持紧张收缩的状态，用力时呼气，还原时吸气，紧跟音乐节奏。

4.**动作难点**：控制好仰卧卷腹的幅度，不宜过高，登山跑时的大腿要尽量向腹部靠近。

第五章 趣味田径篇

第一节　课程介绍

开发趣味田径微课程主要解决以下问题：一、给开展趣味田径的学校、教师提供日常训练和组织活动的参考模板；二、解决趣味田径教学资源库建设不足的问题；三、利用微课程、码课码书等信息化手段提高资源的利用和传播效率；四、丰富趣味田径的内涵，提高趣味田径影响力，即使不懂趣味田径的教师、家长、学生，看完微课程以后也能自行开展活动或训练。

主要内容包括：趣味田径知识、趣味田径器材介绍与使用、趣味田径训练方法介绍、趣味田径的组织方法。

1.十字跳　　　2.频率跑　　　3.单脚数字跳　　4.旋转开合跳
5.双人追逐跳　6.弓步跳　　　7.双足跳　　　　8.仰卧传球
9.趣味实心球练习组合　　　　10.快速框内框外前移
11.快速框内框外后移　　　　　12.交叉步
13.快速踢框分腿平移　　　　　14.高抬腿前移　　15.小步跑
16.软式跨栏　　　　　　　　　17.撑杆跳远　　　18.跪投实心球

第二节　课程示例

一、十字跳

1.动作（游戏）目的与作用：利用数字垫锻炼学生的踝关节力量及爆发力，培养学生的身体协调性和跳跃能力。

2.动作（游戏）内容及方法：开始时练习者站于垫子的中间，双脚同时起跳然后落地，依次做前后左右的跳跃练习，上肢保持平衡。

3.动作（游戏）重点：双脚同时起跳，脚尖先落地。

4.动作（游戏）难点：练习时上肢保持平衡，依次做前后左右的跳跃练习。

5.拓展练习：负重十字跳、逆向十字跳。

二、频率跑

1.**动作（游戏）目的与作用**：主要培养学生的敏捷性和身体协调能力，提高学生的跑步速度。

2.**动作（游戏）内容及方法**：练习者双脚并拢膝关节伸直站于垫中，左脚后退至下方垫上，右脚快速跟上，做一个八拍的频率跑，同样的动作顺时针转至下一个垫上，做一个八拍的频率跑，直至完成四个垫子为一组。

3.**动作（游戏）重点**：前脚掌着地快速移动。

4.**动作（游戏）难点**：练习时右脚跟着左脚动作协调一致。

5.**拓展练习**：负重频率跑、双人频率跑。

三、单脚数字跳

1.动作（游戏）目的与作用：培养学生的身体协调性和下肢爆发力，提高学生的跳跃能力。

2.动作（游戏）内容及方法：双脚并拢，膝关节伸直，站于垫子中间，练习开始时单脚跳出，利用膝关节和踝关节的蹬伸动作，完成前后左右的跳跃动作。膝盖和上肢保持平行，眼睛目视数字垫，单脚跳于规定的格子中。

3.动作（游戏）重点：利用膝关节和踝关节的蹬伸动作，进行单脚跳跃。

4.动作（游戏）难点：膝盖和上肢保持平行，脚尖先落地。

5.拓展练习：负重单脚跳、逆向单脚跳。

四、旋转开合跳

1.动作（游戏）目的与作用：锻炼学生大腿内侧肌群及身体协调性和下肢爆发力，提高学生的跳跃能力。

2.动作（游戏）内容及方法：练习者双脚并拢，膝关节伸直站于垫中间，练习开始时，双脚做顺时针的开合动作，当双脚依次完成四个格子时，逆时针做开合运动，身体和上肢保持平衡，目视数字垫，确保双脚都落于规定的格子上。

3.动作（游戏）重点：动作协调到位，开合迅速。

4.动作（游戏）难点：身体和上肢保持平衡，在跳跃时身体有一个转体动作。

5.拓展练习：负重旋转开合跳、逆向旋转开合跳。

五、双人追逐跳

1.动作（游戏）目的与作用：培养学生的身体协调性和下肢爆发力，提高学生的跳跃能力和竞争意识。

2.动作（游戏）内容及方法：两个练习者单脚着地站于数字垫的两边，手握对方的双手。开始时单脚跳出，利用膝关节和踝关节的蹬伸动作，完成向前跳跃的动作落于中间的垫子上，然后向后跳跃，落在之前数字垫上。膝盖和上肢保持平行，眼睛目视数字垫，单脚跳于规定的格子中。

3.动作（游戏）重点：利用膝关节和踝关节的蹬伸动作，进行单脚跳跃。

4.动作（游戏）难点：膝盖和上肢保持平行，向后跳时脚尖准确落于垫子上。

5.拓展练习：负重双人追逐跳、逆向双人追逐跳。

六、弓步跳

1.动作（游戏）目的与作用：锻炼学生的下肢双脚快速交换能力及培养学生的身体协调性，提高学生的跳跃能力。

2.动作（游戏）内容及方法：练习者双脚并拢，膝关节伸直站于垫中间，练习开始时，双脚同时起跳，落地时双脚前后张开，落于前后的数字垫上呈弓步，下肢身体和上肢保持平衡，眼睛目视数字垫，确保双脚都落于规定的垫子上。

3.动作（游戏）重点：用力蹬地跳起，双臂随着弓步跳规律摆动。

4.动作（游戏）难点：身体和上肢保持平衡，双脚落点准确。

5.拓展练习：负重弓步跳、逆向弓步跳。

七、双足跳

1.**动作（游戏）目的与作用**：掌握跳跃的练习方法，发展学生的弹跳力，同时培养灵敏、协调等身体素质。

2.**动作（游戏）内容及方法**：两个小雪糕筒放于身体前方（右侧），双脚并拢起跳，向前（向右）起跳跳过雪糕筒，向后（向左）起跳跳过雪糕筒。

3.**动作（游戏）重点**：双脚起跳，控制身体重点。

4.**动作（游戏）难点**：动作协调、连贯，连续跳跃障碍。

5.**拓展练习**：多个雪糕筒放置于前方，按照向前，向右，向前，向左进行蛇形跳跃的练习，通过改变跳跃方向进行练习。

八、仰卧传球

1.**动作（游戏）目的与作用**：锻炼学生的腰腹部肌肉力量，以及身体的协调性和爆发性。

2.**动作（游戏）内容及方法**：坐于垫上，双腿微微打开，屈膝，双手放置胸前，接到搭档传球后，身体后仰直至球触地面，立马传球给搭档。

3.**动作（游戏）重点**：动作连贯，与搭档配合协调。

4.**动作（游戏）难点**：传球快速，要有爆发性。

5.**拓展练习**：身体反向仰卧传球练习，改变动作方向以及练习的速度来提高其难度。

九、趣味实心球练习组合（蹬推、前抛、后抛实心球）

1.**动作（游戏）目的与作用**：锻炼学生的下肢和上肢肌肉力量，以及身体的协调性和爆发性。

2.**动作（游戏）内容及方法**：练习者两脚自然开立，向前蹬推（前抛、后抛）实心球，身体由下向上发力，手臂尽量伸直。

3.**动作（游戏）重点**：动作连贯协调。

4.**动作（游戏）难点**：自下而上发力。

5.**拓展练习**：改变实心球的重量增减练习难度。

十、快速框内框外前移

1.动作（游戏）目的与作用：提高变向移动速度，增加脚步的灵敏性。

2.动作（游戏）内容及方法：正对绳梯站于第一格子的左边。左脚快速往前移动，右脚进行框内框外快速前移。手臂配合自然摆动，依次循环向前。

3.动作（游戏）重点：上体保持正直，摆动腿积极下压。

4.动作（游戏）难点：脚掌尽量减少与地面接触的时间。

5.拓展练习：高抬腿框内框外前移或负重高抬腿框内框外移动。

十一、快速框内框外后移

1.**动作（游戏）目的与作用**：提高变向移动速度，增加脚步的灵敏性。

2.**动作（游戏）内容及方法**：背对绳梯站于第一格子的左边。右脚快速往后移动，左脚进行框内框外快速前移。手臂配合自然摆动，依次循环向前。

3.**动作（游戏）重点**：上体保持正直，摆动腿积极下压。

4.**动作（游戏）难点**：脚掌尽量减少与地面接触的时间。

5.**拓展练习**：高抬腿框内框外后移或负重高抬腿框内框外后移。

十二、交叉步

1.动作（游戏）目的与作用：发展侧向变向速度。

2.动作（游戏）内容及方法：侧向面对软梯站立，上身保持平行，身体侧向双脚交叉向前快速移动，循环向前。

3.动作（游戏）重点：整个动作过程要求连贯不停顿，避免不均衡发展，左右脚交替进行。

4.动作（游戏）难点：保持重心稳定。

5.拓展练习：半高抬腿的交叉步。

十三、快速踢框分腿平移

1.**动作（游戏）目的与作用**：提高脚步进退移动的速度。

2.**动作（游戏）内容及方法**：身体侧对梯子，两脚平行于竖杆，右脚踢框，左脚跟进；右脚踩下一框，左脚跟进；右脚踩下一框框外，左脚再跟进。依次循环侧向移动。

3.**动作（游戏）重点**：应尽可能地减少脚与地面接触的时间。

4.**动作（游戏）难点**：控制身体协调平衡。

5.**拓展练习**：高抬腿快速踢框分腿平移。

十四、高抬腿前移

1. **动作（游戏）目的与作用**：提高双脚交替启动速度。

2. **动作（游戏）内容及方法**：正对软梯，快速高抬腿前移。

3. **动作（游戏）重点**：支撑脚蹬地有力。

4. **动作（游戏）难点**：保持身体重心稳定。

5. **拓展练习**：后移高抬腿。

十五、小步跑

1.动作（游戏）目的与作用：发展动作速率。

2.动作（游戏）内容及方法：正对软梯站立，膝关节微屈，上体略前倾。前脚掌着地，一步一格快速向前跑进，手臂配合前后摆动。

3.动作（游戏）重点：脚步轻盈，尽可能地减少脚掌与地面接触的时间。

4.动作（游戏）难点：控制动作节奏。

5.拓展练习：反方向、两步一格。

十六、软式跨栏

1.**动作（游戏）目的与作用**：发展学生跑跨的能力，培养学生跨栏兴趣，掌握跨栏的技术动作。

2.**动作（游戏）内容及方法**：练习者将跨栏架调整到最低，以左脚起跨腿为例，助跑3~5米起跨，右腿迅速摆动过栏架，完成一次跨栏。

3.**动作（游戏）重点**：起跨位置精准，摆动迅速有力。

4.**动作（游戏）难点**：动作协调一致，身体下压。

5.**拓展练习**：多栏架练习。

十七、撑竿跳远

1.动作（游戏）目的与作用：发展学生握竿的能力，以及从起跳撑竿到达一定高度轨迹时保持平衡的能力。

2.动作（游戏）内容及方法：以右手在上持竿跳跃为例，右手虎口在上握住撑竿，握竿高度根据个人水平而定（为安全起见，建议初学者高度不超过肩高），左手虎口在上在右手下方握竿，两手间距约同于肩宽；在5米助跑区内完成助跑，并将撑竿的下端由上向下放置在起跳垫上形成稳定的支点，同时以左脚起跳，右腿折叠前摆，起跳离地后从撑竿的右侧飞越向前，以双脚落入落地垫上。为安全起见，跳跃过程中双手尽量不要同时松开撑竿。

3.动作（游戏）重点：动作协调一致，插竿准确。

4.动作（游戏）难点：正确的握竿动作以及到达一定高度轨迹时保持平衡的能力。

5.拓展练习："双竿支撑摆越追逐跑""猴子上竿""倒挂金钩"。

十八、跪投实心球

1.动作（游戏）目的与作用：使学生体验怎样通过臀部和肩膀的运动积聚力量以投掷。

2.动作（游戏）内容及方法：双腿跪在起掷线后（不得触及起掷线），必须双手持球，躯干发力从头上将实心球掷出。球出手后身体可前倒和手接触起掷线后落地区。

3.动作（游戏）重点：身体协调用力，维持身体平衡，出手速度快。

4.动作（游戏）难点：通过臀部和肩膀的运动积聚力量。

5.拓展练习：精确投准、旋转抛物。

第六章 跳绳篇

第一节　课程介绍

花样跳绳作为一项新兴的运动项目开始被人们所认识，它摈弃了传统跳绳的枯燥无味，加入了许多新兴的元素，如：街舞、武术、杂技、体操等，然后配合上音乐、灯光展现出来，是一项非常炫、具有观赏和比赛性的项目。花样跳绳的花样繁多，使学习者能很快地掌握更多技术的同时又不失乐趣，受到各年龄层次的人们喜欢。花样跳绳分为个人花样、车轮跳、交互绳、网绳。

个人花样是指一个人利用一根绳子做出各种花样动作的比赛项目。第五届亚洲跳绳比赛规则中把个人花样分为四个等级，五个类别花样，分别为：基本花样、交叉花样、多摇花样、特别动作花样、放绳花样。个人花样是跳绳的基本功，所需人数少，简单易学，容易上手，因此是普及跳绳首选的跳绳方法。本课程主要讲解和示范一些跳绳的基本动作和一些协调性要求高的练习。能够使学生非常高效地了解跳绳，并能够提高学生的灵活性与协调性。

主要内容：

1. 并脚前后跳　　2. 单侧摆交叉跳　　3. 反向双摇

4. 街舞步　　　　5. 前后转换跳　　　6. 手臂缠绕

7. 双摇跳　　　　8. 踏跳步　　　　　9. 提膝侧点跳

10. 提膝前点跳　　11. 吸踢腿跳　　　12. 横摇跨腿跳

13. 左右侧摆混合跳　14. 左右侧摆交叉跳　15. 左右侧摆直摇跳

第二节　课程示例

一、并脚前后跳

1.动作（游戏）目的与作用：提高对绳的控制和练习协调能力。

2.动作（游戏）内容及方法：

（1）先学会单手前摇绳或后摇绳，再接着单手带绳摇与跳动。

（2）并脚跳绳时，两手腕注意放松，自然柔和摇绳。

（3）膝盖放松与手部节奏一致，踝关节与膝关节富有弹性，做到前脚掌着地。

（4）注意身体直立姿态，眼视前方，面带微笑。

3.动作（游戏）重点：把握好摇绳的位置与跳的时机。

4.动作（游戏）难点：摇与跳的配合。

5.拓展练习：直摇跳套人。

二、单侧摆交叉跳

1.动作（游戏）目的与作用： 练习手脚的灵活性和协调性。

2.动作（游戏）内容及方法：

（1）先做徒手动作练习，分手部练习好侧摆绳接交叉摇绳，再接着手脚一起配合。

（2）做侧摆交叉摇跳时，两手腕注意放松，自然柔和摇绳，手与脚的节奏注意做到协调。

（3）下肢部位踝关节与膝关节注意放松，控制好节奏与绳过脚的时机，做到前脚掌着地，富有弹性。

（4）注意身体直立姿态，眼视前方，面带微笑。

3.动作（游戏）重点： 手和脚上动作要清晰，摇绳节奏要准确。

4.动作（游戏）难点： 如何把握跳和摇的配合。

5.拓展练习： 侧摆混合跳。

三、反向双摇

1.动作（游戏）目的与作用：练习身体的灵活性和协调性，发展下肢的爆发力。

2.动作（游戏）内容及方法：

（1）先做徒手动作练习，原地练习手部摇绳，再接着带绳做交叉跳动。也可以练二单摇一双摇跳俗称2+1跳。

（2）做反向双摇跳时，两手腕放松、自然柔和摇绳，摇绳时注意手部把绳位置，另外手与脚的节奏注意做到一跳两摇。

（3）下肢部位踝关节与膝关节注意放松，控制好节奏与绳过脚的时机，应该尽力跳高点，做到前脚掌着地，富有弹性。

（4）注意身体直立姿态，眼视前方，面带微笑。

3.动作（游戏）重点：注意起跳时腰腹发力控制身体，交替时要动作连贯。

4.动作（游戏）难点：双摇脚与手的配合。

5.拓展练习：加快速度的练习。

四、街舞步

1.动作（游戏）目的与作用：练习身体的灵活性和协调性，发展下肢的爆发力。

2.动作（游戏）内容及方法：

（1）先做徒手动作练习，分手部摇绳，脚部做街舞步，再接着手脚一起配合。

（2）做街舞步跳时，两手腕注意放松，自然柔和摇绳，手与脚的节奏注意做到一摇一跳，一提一并一跳。

（3）下肢部位踝关节蹦直与膝关节垂地侧点，大腿与地面平行，控制好节奏与绳过脚的时机，做到前脚掌着地，富有弹性。

（4）注意身体直立姿态，眼视前方，面带微笑。

3.动作（游戏）重点：甩绳与起跳腿的配合。

4.动作（游戏）难点：如何控制摇绳与跳的结合。

5.拓展练习：收腿跳练习。

五、前后转换跳

1.动作（游戏）目的与作用：加强对绳的控制能力和协调性。

2.动作（游戏）内容及方法：

（1）此动作最主要是学会手控制绳的能力，首先学会手控制绳子的方向，再学会绳随身体转动而摆动。

（2）做前后转换跳时，两手腕注意放松，自然柔和摇绳，手与脚的节奏注意做到一摇一跳。

（3）下肢部位踝关节与膝关节注意放松，控制好节奏与绳过脚的时机，做到前脚掌着地，富有弹性。

（4）注意身体直立姿态，眼视前方，面带微笑。

3.动作（游戏）重点：转的时机与摇绳的时机相结合。

4.动作（游戏）难点：如何控制摇绳与跳的结合。

5.拓展练习：加快转换的速度。

六、手臂缠绕

1.**动作（游戏）目的与作用**：控制绳子的走向，提高协调性。

2.**动作（游戏）内容及方法**：

（1）学会此动作，先学会同一方向的缠绕，如一边向前缠绕后接着向后打开，再接着左右手一起配合。

（2）做手臂缠绕时，两手腕注意放松，自然柔和摇绳，摆动的弧度，手的节奏做到一摇一绕，一摇一打地。

（3）下肢部位踝关节与膝关节注意放松，控制好绳子与身体节奏，膝关节富有弹性。

（4）注意身体直立姿态，眼视前方，面带微笑。

3.**动作（游戏）重点**：摇绳的节奏，两手的配合。

4.**动作（游戏）难点**：两手的转换。

5.**拓展练习**：加快转换的速度。

七、双摇跳

1. 动作（游戏）目的与作用：提高身体的灵活性与协调性。

2. 动作（游戏）内容及方法：

（1）先做徒手动作练习，原地练习手部摇绳，再接着带绳做交叉跳动。也可以练二单摇一双摇跳俗称2+1跳。

（2）做直双摇跳时，两手腕放松、自然柔和摇绳，摇绳时注意手部把绳位置，另外手与脚的节奏注意做到一跳两摇。

（3）下肢部位踝关节与膝关节注意放松，控制好节奏与绳过脚的时机，应该尽力跳高点，做到前脚掌着地，富有弹性。

（4）注意身体直立姿态，眼视前方，面带微笑。

3. 动作（游戏）重点：注意摇绳与跳的结合。

4. 动作（游戏）难点：如何把握跳的节奏。

5. 拓展练习：反向双摇跳。

八、踏跳步

1.动作（游戏）目的与作用：加强协调配合的能力。

2.动作（游戏）内容及方法：

（1）先做徒手动作练习，分手部摇绳，脚部踏跳步跳，再接着手脚一起配合。

（2）做踏跳步时，两手腕注意放松，自然柔和摇绳，手与脚的节奏注意做到一摇一跳。

（3）下肢部位踝关节与膝关节注意放松，控制好节奏与绳过脚的时机，做到前脚掌着地，富有弹性。

（4）注意身体直立姿态，眼视前方，面带微笑。

3.动作（游戏）重点：手快，脚高。

4.动作（游戏）难点：摇绳与跳的协调配合。

5.拓展练习：两人面对面摇绳练习。

九、提膝侧点跳

1. 动作（游戏）目的与作用：加强灵活性与协调性。

2. 动作（游戏）内容及方法：

（1）先做徒手动作练习，分手部摇绳，脚部提膝侧点地跳，再接着手脚一起配合。

（2）做提膝侧点地跳时，两手腕注意放松，自然柔和摇绳，手与脚的节奏注意做到一摇一跳，一提一点一跳。

（3）下肢部位踝关节蹦直与膝关节垂地侧点，大腿与地面平行，控制好节奏与绳过脚的时机，做到前脚掌着地，富有弹性。

（4）注意身体直立姿态，眼视前方，面带微笑。

3. 动作（游戏）重点：提膝的高度和侧点的远度。

4. 动作（游戏）难点：如何把握跳的节奏。

5. 拓展练习：提膝前点跳，提膝后点跳。

十、提膝前点跳

1. 动作（游戏）目的与作用： 步伐练习提高脚的灵活性与协调性。

2. 动作（游戏）内容及方法：

（1）先做徒手动作练习，分手部摇绳，脚部提膝侧点地跳，再接着手脚一起配合。

（2）做提膝侧点地跳时，两手腕注意放松，自然柔和摇绳，手与脚的节奏注意做到一摇一跳，一提一点一跳。

（3）下肢部位踝关节蹦直与膝关节垂地侧点，大腿与地面平行，控制好节奏与绳过脚的时机，做到前脚掌着地，富有弹性。

（4）注意身体直立姿态，眼视前方，面带微笑。

3. 动作（游戏）重点： 提膝的高度和前点的远度。

4. 动作（游戏）难点： 如何把握跳的节奏。

5. 拓展练习： 提膝侧点跳，提膝后点跳。

十一、吸踢腿跳

1.动作（游戏）目的与作用：步伐练习提高脚的灵活性与协调性。

2.动作（游戏）内容及方法：

（1）先做徒手动作练习，分手部摇绳，脚部踢腿跳，再接着手脚一起配合。

（2）做踢腿跳时，两手腕注意放松，自然柔和摇绳，手与脚的节奏注意做到一摇一踢一跳。

（3）下肢部位踝关节与膝关节蹦直向前踢，控制好节奏和绳过脚的时机，做到前脚掌着地，富有弹性。

（4）注意身体直立姿态，眼视前方，面带微笑。

3.动作（游戏）重点点：提膝的高度和踢腿的转换。

4.动作（游戏）难点：摇绳与跳的结合。

5.拓展练习：带上行进间的练习。

十二、横摇跨腿跳

1.动作（游戏）目的与作用：提高脚的灵活性与身体的协调性。

2.动作（游戏）内容及方法：

（1）先做徒手动作练习，熟练手部动作走向，再接着手脚一起配合。

（2）做横摇跨腿跳时，关键在于手部的位置，分一上一下，上方的那只手绕过头部，下方的那只手位于跨下旋转摇绳；尽量做到手腕放松、自然柔和，摇绳手与脚有节奏且协调。

（3）下肢动作应注意直腿，控制好节奏以及绳过脚的时机，做到前脚掌着地，富有弹性。

（4）注意身体微弯曲姿态，眼视前方，面带微笑。

3.动作（游戏）重点：摇绳的连续性。

4.动作（游戏）难点：摇绳与换腿的结合。

5.拓展练习：带上转换方向的练习。

十三、左右侧摆混合跳

1.动作（游戏）目的与作用：提升对绳的掌握，提高协调性。

2.动作（游戏）内容及方法：

（1）先做徒手动作练习，分手部练习好侧摆绳接直摇跳（或交叉跳），再接着手脚一起配合。

（2）做侧摆混合跳时，两手腕注意放松，自然柔和摇绳，手与脚的节奏注意做到协调。

（3）下肢部位踝关节与膝关节注意放松，控制好节奏与绳过脚的时机，做到前脚掌着地，富有弹性。

（4）注意身体直立姿态，眼视前方，面带微笑。

3.动作（游戏）重点：摇绳的节奏。

4.动作（游戏）难点：摇绳与跳的结合。

5.拓展练习：带上行进间的练习。

十四、左右侧摆交叉跳

1.动作（游戏）目的与作用：提升对绳的掌握，提高协调性。

2.动作（游戏）内容及方法：

（1）先做徒手动作练习，分手部练习好侧摆绳接交叉摇绳，再接着手脚一起配合。

（2）做侧摆交叉摇跳时，两手腕注意放松，自然柔和摇绳，手与脚的节奏注意做到协调。

（3）下肢部位踝关节与膝关节注意放松，控制好节奏与绳过脚的时机，做到前脚掌着地，富有弹性。

（4）注意身体直立姿态，眼视前方，面带微笑。

3.动作（游戏）重点：摇绳的节奏。

4.动作（游戏）难点：摇绳与跳的结合。

5.拓展练习：带上行进间的练习。

十五、左右侧摆直摇跳

1.**动作（游戏）目的与作用**：提升对绳的掌握，提高协调性。

2.**动作（游戏）内容及方法**：

（1）先做徒手动作练习，分手部练习好左右侧摆绳，接着手脚一起配合。

（2）做左右侧摆直摇跳时，两手腕注意放松，自然柔和摇绳，手与脚的节奏注意做到协调。

（3）下肢部位踝关节注意放松，控制好节奏与绳过脚的时机，做到前脚掌着地，富有弹性。

（4）注意身体直立姿态，眼视前方，面带微笑。

3.**动作（游戏）重点**：摇绳的节奏。

4.**动作（游戏）难点**：摇绳与跳的结合。

5.**拓展练习**：带上行进间的练习。

第七章 乒乓球篇

第一节　课程介绍

乒乓球运动项目是我国优势竞技项目，具有扎实的群众基础。同时，乒乓球可以很好地发展速度、灵敏、协调等身体素质，其锻炼价值在国内外得到了广泛认可。然而，学生在学校学习乒乓球技术的路径比较单一，为了让学生更好地掌握乒乓球的基本要领，丰富学生学习的内容，增强学生学习兴趣，录制乒乓球微课是大势所趋。本课程主要涉及球性练习以及讲解和示范乒乓球中的基本技术。其中，乒乓球球性练习能够使学生非常高效地了解乒乓球的体积、质量、空中飞行轨迹等特性。乒乓球基本技术是作为乒乓球入门的必备技能，是提高学生基本功的首要支撑。只有掌握了基本技术才能组合成有效的技战术，提高学生的技术水平。

主要内容：
一、熟悉球性
1.接球　　　2.托球走　　　3.托球蹲起
4.颠球　　　5.对墙击球　　6.扔球与接球

二、反手拨球
7.反手拨球

三、正手攻球
8.自抛自打　　　9.单点多球派发　　10.两人正手攻球对练

四、发球
11.正手发平击球　　12.正手发侧上旋球　　13.正手发下旋球

五、搓球
14.正手搓球　　　15.反手搓球

六、弧圈球
16.前冲弧圈球

第二节　课程示例

一、熟悉球性

（一）接球

1.动作（游戏）目的与作用：提高对球的认知程度。

2.动作（游戏）内容及方法：拿一个乒乓球，自抛自接，先做单手抛双手接，再做单手抛单手接。

3.动作（游戏）重点：扔球时注意把控力度与方向，接受的准确性。

4.动作（游戏）难点：扔与接的配合。

5.拓展练习：两人相互抛接球。

（二）托球走

1.动作（游戏）目的与作用：练习球拍控制球。

2.动作（游戏）内容及方法：每人一球拍，正确握拍，将一球放置拍面，球拍托住球，在行走过程中控制球拍不让球掉落。

3.动作（游戏）重点：球拍尽可能地保持水平面，将球置于拍面中点位置。

4.动作（游戏）难点：球拍往球移动的相同方向跟进，及时调整球拍的位置。

5.拓展练习：快速跑动托球。

（三）托球蹲起

1.动作（游戏）目的与作用：加强球拍控制球的熟练度。

2.动作（游戏）内容及方法：每人一球拍，正确握拍，将一球放置拍面，球拍托住球，在保持托住球的情况下做蹲下起立运动。

3.动作（游戏）重点：球拍尽可能地保持水平面，将球置于拍面中点位置。

4.动作（游戏）难点：蹲下起立过程中球可能脱离球拍，球拍要及时跟进贴上球。

5.拓展练习：快速蹲下起立托球。

（四）颠球

1.**动作（游戏）目的与作用**：练习球拍在乒乓球动态状况下的控制力。

2.**动作（游戏）内容及方法**：每人一球拍，正确握拍，将一球放置拍面，抖动手腕，上下摆动前臂，将静止于拍面的乒乓球上下弹起，控制球拍的方向与力度，保持球在球拍上弹动。

3.**动作（游戏）重点**：拍面尽可能保持水平面。

4.**动作（游戏）难点**：控制球落于球拍中点位置和颠球的力度。

5.**拓展练习**：行走或跑动状态下颠球。

（五）对墙击球

1.动作（游戏）目的与作用：练习击球节奏，发展良好的球感与灵敏性。

2.动作（游戏）内容及方法：拿一个乒乓球，正确握拍，拍面朝墙，击打乒乓球撞击墙面反弹回来，再击打回去，持续对墙击球。

3.动作（游戏）重点：控制球拍的力度和拍面，保持拍面中点击球。

4.动作（游戏）难点：击球节奏。

5.拓展练习：正、反面交替变换对墙击球。

（六）扔球与接球

1.**动作（游戏）目的与作用**：了解球在球桌上的运动轨迹。

2.**动作（游戏）内容及方法**：两人一球，两人分别站于球桌两端，一人单手扔球，球的飞行路线必须先触击自己桌面一次，再触击他人桌面一次，另一人则双手接球。

3.**动作（游戏）重点**：扔球注意方向与力度。

4.**动作（游戏）难点**：接球者要移动步伐预判球的走向，顺利接球。

5.**拓展练习**：接球者单手接球。

二、反手拨球

（七）反手拨球

1.动作（游戏）目的与作用：熟悉反手拨球技术动作。

2.动作（游戏）内容及方法：两脚平衡站立手臂自然弯曲，前臂几乎与台面平行，将球拍引至身体的前方，拍面垂直稍前倾，来球跳至上升期，前臂手腕向前迎击，击球中上部。击球后，手臂、手腕继续向前随势挥动，迅速还原。

3.动作（游戏）重点：击球时拍面的控制。

4.动作（游戏）难点：击打来球的上升期。

5.拓展练习：两人反手对攻练习。

三、正手攻球

（八）自抛自打

1.动作（游戏）目的与作用：熟悉正手攻球技术动作。

2.动作（游戏）内容及方法：学生站在距离球网50厘米并且右侧靠近球桌的位置（右手执拍为例），拿一球抛在桌子上，球弹起至最高点击球，击打的球必须落入另一半球桌。

3.动作（游戏）重点：找到球弹起的高点击球。

4.动作（游戏）难点：保持正手攻球动作击球，不因球的位置和高度而变形。

5.拓展练习：位置可以换至球桌端线处。

（九）单点多球派发

1.动作（游戏）目的与作用：强化正手攻球技术动作。

2.动作（游戏）内容及方法：发球者站右半台靠近球网处发球，练习者距离球台20厘米，位置居中。练习者以正手攻球动作姿势准备，板型略微下前倾，来球时积极摆动前臂，多撞击少摩擦为主击打来球。

3.动作（游戏）重点：保持正手攻球姿势击球。

4.动作（游戏）难点：调整板型处理变化球。

5.拓展练习：两点正手攻球练习。

（十）两人正手攻球对练

1.动作（游戏）目的与作用：强化正手攻球技术动作。

2.动作（游戏）内容及方法：两人分别以正手攻球动作准备，其中一人发球，两人保持正手攻球技术动作对打，击球时多撞击少摩擦，积极摆动前臂，落点均要落入对方所在的半台。

3.动作（游戏）重点：保持正手攻球动作击球。

4.动作（游戏）难点：击球落点的稳定性。

5.拓展练习：一人单点，一人双点练习。

四、发球

（十一）正手发平击球

1.动作（游戏）目的与作用：掌握正手发平击球技术。

2.动作（游戏）内容及方法：以左手为例，模仿正手发平击球动作，进行挥拍摆臂练习。在台上进行完整练习，一人发球，一人用手接球，轮换练习。

3.动作（游戏）重点：抛球和引拍动作协调，并掌握好时机。

4.动作（游戏）难点：抛球的高度与位置、挥臂的路线与速度以及击球点的掌握。

5.拓展练习：与接发球相结合练习，一方练发球，另一方练接发球。

（十二）正手发侧上旋球

1.动作（游戏）目的与作用：掌握正手发侧上旋球的技术。

2.动作（游戏）内容及方法：以左手为例，右脚在前，左脚在侧后，当球向上抛起的同时执拍手向左后上方引拍，身体随之向左转动，球拍稍后仰，手腕外展。当球下落时，手臂自左上方向右下方挥拍，击球左侧中下部向右侧摩擦，并微微勾手腕以加强上旋。随势挥拍，迅速还原。

3.动作（游戏）重点：判断来球，选择最佳击球位置。

4.动作（游戏）难点：身体协调配合用力。

5.拓展练习：侧旋和上旋有效组合练习。

（十三）正手发下旋球

1.动作（游戏）目的与作用：掌握正手发下旋球技术。

2.动作（游戏）内容及方法：以左手为例，右脚在前，左脚在侧后，在球向上抛起的同时执拍手向左后上方引拍，身体随之向左转动，球拍稍后仰，手腕外展。当球下落时，手臂自左上方向右前下方挥拍，击球左侧中下部向右侧摩擦。随势挥拍，迅速还原。

3.动作（游戏）重点：判断来球，选择最佳击球位置。

4.动作（游戏）难点：身体协调配合用力。

5.拓展练习：侧旋和下旋有效组合练习。

五、搓球

（十四）正手搓球

1.**动作（游戏）目的与作用**：掌握正手搓球技术要领。

2.**动作（游戏）内容及方法**：以左手为例，左脚稍前，站位近台，前臂和手腕外旋使拍面稍后仰，在来球的下降前期用球拍摩擦球的中下部，前臂加速向前下方用力的同时手腕内旋配合用力。击球后，前臂随势前送，立即放松并迅速还原。

3.**动作（游戏）重点**：判断来球，选择最佳击球位置。

4.**动作（游戏）难点**：身体协调用力配合。

5.**拓展练习**：下旋与正手搓球有机结合。

（十五）反手搓球

1.动作（游戏）目的与作用：掌握反手搓球技术要领。

2.动作（游戏）内容及方法：以左手为例，右脚稍前，站位近台，前臂和手腕内旋将球拍引至身体左上方，拍面后仰，在来球下降前期用球拍的下半部摩擦球的中下部，前臂加速向前下方用力的同时手腕外展配合用力。击球后，前臂随势前送，立即放松并迅速还原。

3.动作（游戏）重点：判断来球，选择最佳击球位置。

4.动作（游戏）难点：身体协调用力配合。

5.拓展练习：下旋与反手搓球有机结合。

六、弧圈球

（十六）前冲弧圈球

1. **动作（游戏）目的与作用**：熟悉前冲弧圈球的基本要领。

2. **动作（游戏）内容及方法**：左脚稍前，根据来球选择站位远近。向右后方引拍时腰向右转动，重心移至右脚。击球时拍面前倾，在上臂带动下前臂加速向前上方挥动，手腕配合发力，在来球的上升期或高点期摩擦球的中上部随势挥动后迅速调整身体重心并迅速还原。

3. **动作（游戏）重点**：重心的有效转换。

4. **动作（游戏）难点**：身体协调用力配合。

5. **拓展练习**：结合上旋发球进行组合训练。